Inhalt

Werbe-Tracking

Kernthesen

Beitrag

Fallbeispiele

Weiterführende Literatur

Impressum

GENIOS WirtschaftsWissen Nr. 09/2002 vom 25.09.2002

Werbe-Tracking

E.Krug

Kernthesen

- Werbe-Tracking ist sowohl eine kurzfristige, als auch eine langfristige Erfolgskontrolle von Werbekampagnen.
- Der effiziente Einsatz von Tracking-Instrumenten erfordert eine äußerst systematisch und sorgfältig geplante Vorgehensweise.
- Unstrukturiertes Werbe-Tracking verursacht nur eine unübersichtliche Datenflut, die einen ungenügenden Messerfolg liefert und die verursachten Kosten nicht im Geringsten rechtfertigt.

Beitrag

Obwohl Werbe-Tracking schon fast ein Muss ist und sehr viele Markenanbieter das Instrument bereits nutzen, wird es von Marketing und Marktforschung immer noch mit Skepsis betrachtet. Ein Grund, sich mit der Materie genauer zu befassen. Die meisten Werbetreibenden, die Tracking-Instrumente einsetzen, sehen sich einer gewaltigen Datenfülle gegenüber, von der sie überrollt werden und mit dieser sie im Endeffekt kaum etwas anfangen können. Die Folge: Frustration. So bleiben die Tracking-Daten ungenutzt und das System bildet einzig und allein einen immensen Kostenfaktor.

Die Markenartikler sollten sich vorab darüber im Klaren sein, was genau Werbe-Tracking ist, warum sie die Methode einsetzen wollen, wie der Ablauf erfolgen soll und mit welchen Problemen zu rechnen ist.

Was ist Werbe-Tracking?

Auf den Punkt gebracht, handelt es sich bei Werbe-Tracking um eine "möglichst aktuelle Erfolgskontrolle von Kampagnen". Tracking-Instrumente sollen dieses Controlling realisieren, indem sie in einer differenzierten Anzahl von Messungen unterschiedliche "Werbewirkungsparameter kampagnenbegleitend erheben". So dient Tracking als gezielte Begleitforschung.

Es handelt sich dabei nicht um eine quantitative Methode, wie so oft behauptet wird ("endlose aneinandergereihte rote oder schwarze Zahlenkolonnen"), Tracking ist, wenn es richtig angewendet wird, definitiv eine qualitative Methode:
- Märkte und Marken werden intensiv durchleuchtet.
- Die Leistungen von Werbung oder anderen Marketing-Mix-Instrumenten werden abgewägt.
- Erfolgversprechende Maßnahmen werden herausgefiltert.

So dient Werbe-Tracking nicht nur als kurzfristige Erfolgskontrolle, sondern als wichtige Unterstützung bei einer optimalen "Mediaplanung" und wird als "qualitativ diagnostisches" Instrument gesehen. (1)

Warum versuchen sich so viele Markenanbieter im Werbe-Tracking?

Die Verbraucher werden heute mit Werbebotschaften überhäuft. Dieser Prozess wird unterstützt von der Medienvielfalt, deren sich die Werbetreibenden bedienen können. Die Konkurrenz ist immens und die

Schnelllebigkeit der Produkte ist beträchtlich. Die Unternehmen sind also auf einem teilweise nicht mehr überschaubaren Markt sehr stark gefordert. Die Dynamik ist hier mittlerweile gewaltig. Hinzu kommt ein ziemlich eingeschränktes Interesse der Konsumenten, die sich des Öfteren durch zuviel Werbung belästigt fühlen.

Die Kontrolle der Werbewirkung ist offensichtlich von entscheidender Bedeutung. Nur mit dem Wissen über die aktuelle Wirkung einer Kampagne kann diese optimal gesteuert und Fehler minimiert werden. Aus diesen Gründen kommt es hier zum Einsatz von Werbe-Tracking: Kontrolle der Werbewirkung und Einflussnahme auf weitere Maßnahmen.

Wie sieht der optimale Verlauf eines Werbe-Trackings aus?

Vorab sollten folgende Punkte beachtet werden:
- Auswahl des Instrumentariums: Tracking-Angebote, die auf den einzelnen Kunden zugeschnitten sind oder standardisierte Trackings
- Festlegung der Indikatoren: markenbezogene Parameter, wie Markenbekanntheit, Kaufbereitschaft, Verwendung einer Marke oder kampagnenbezogene Parameter, wie "Kampagnen-Recall", "Kampagnen-

Sympathie"
- Bestimmung der Messzeitpunkte, des Untersuchungszeitraums, der Fallzahlen
- Berücksichtigung von Konkurrenzmarken, da erst im Vergleich Stärken und Schwächen der eigenen Kampagne erkannt werden

Zudem sollten auf jeden Fall fünf Regeln berücksichtigt werden, um effiziente Ergebnisse zu erzielen:
- Die Messung der kurzfristigen taktischen Zielrealisierung: Was kann Marketing-Mix in einer übersehbaren Zeitspanne leisten?
- Die Messung der mittel- bis langfristigen Leistung der gesamten Kampagne: Was trägt über einen längeren Zeitraum zum Markenwert bei?
- Die kontinuierliche Messung
- Die unverzügliche Reaktion auf gewonnene Erkenntnisse und schnelle Problemlösung
- Die Zusammenführung aller marktbeeinflussenden Bestandteile zu einer zielgerichteteren Handlungsweise

Mit welchen Problemen ist beim

Tracking zu rechnen?

Mit den oben genannten Punkten werden die wichtigsten Forderungen an ein effektives Tracking-System umrissen. Elementar ist dabei die Erforschung des Zusammenwirkens von taktischen Kennziffern zur Werbeerinnerung (kurzfristig) und von wesentlichen strategischen Informationen zur Markenaffinität (langfristig).

Hier allerdings tritt der häufigste Fehler bei Werbe-Trackings auf: Eine Vermischung zwischen Markenerinnerung und Werbeerinnerung (vgl. Cases).

Sehr problematisch wird die Effizienz-Messung, wenn der Werbespot beim "Empfänger" zwar sehr gut ankommt, der Bezug aber zwischen dem Spot und der Marke nicht hergestellt wird (vgl. Cases).

Ein häufig angeführtes Argument gegen Tracking ist, die zu Beginn bereits erwähnte Datenflut, die den Anwender überrollt und gleichzeitig resignieren lässt. So ist der systematische Umgang mit dieser Methode das "Muss", nicht das Werbe-Tracking an sich.

Fallbeispiele

Beispiel zur Vermischung von Werbeerinnerung und Markenerinnerung:

Eine nicht valide Frage wie, "Haben Sie in letzter Zeit Werbung für Coca Cola gesehen?" provoziert eine Reihe von Antworten, von denen keine richtig sein muss, wie z. B.: Werbung für andere Softdrinks mit Werbung für Coca Cola verwechselt oder Sponsoring für Coca Cola fälschlich als Werbung identifiziert.

Beispiel für einen "guten" Spot, der sich verselbstständigt und keine Erinnerung an die Marke zurücklässt:

Bei der früheren Toyota-Werbung "sprechende Tiere", ist anfangs dieser Spot zwar gut angekommen, wurde aber nur selten einer Automarke zugeordnet und schon gar nicht Toyota.

Beispiel für standardisiertes Tracking: AdTrend von SevenOne Media:

AdTrend ist ein für den Kunden kostenfreies Serviceinstrument. Es ist festgelegt in Bezug auf Untersuchungszeitraum, Erhebungsrhythmus und Abfrage der Wirkungsmaße. Vorteil: Es können auf breiter Datenbasis, generalisierende Analysen zur Werbewirkung durchgeführt werden. Dabei wird ein "definiertes Set von rund 60 Marken aus unterschiedlichen Warengruppen" analysiert. Zeitrahmen: jeweils ein Jahr; pro Woche werden 300 Cati-Interviews durchgeführt.
Grundgesamtheit: deutschsprechende Bevölkerung in Haushalten mit Telefon (Altersgruppe: 14 bis 64).

Case-Study "Conversion Tracking":

Yahoo versucht mit Tracking-Verfahren die "Branding-Wirkung von Bannerwerbung nachzuweisen". Untersucht wurde dazu die Werbewirkung der Banner von Wissen.de (Bertelsmann-Tochter).
Um Werbetreibende und Mediaplaner von der

Branding-Wirkung von Werbebannern zu überzeugen plant Yahoo weitere Tracking-Untersuchungen. Eine weitere Case-Study, und zwar diesmal mit einem Online-Shop, ist bereits für den Herbst eingeplant. (2)

Weiterführende Literatur

(1) Tracking ersetzt Goldfischglas
aus CYbiz Nr. 07-08 vom 03.07.2002 Seite 036

(2) Yahoo erforscht die Markenerinnerung im Netz
aus HORIZONT 29 vom 18.07.2002 Seite 048

Impressum

Werbe-Tracking

Bibliografische Information der deutschen Nationalbibliothek

Die Deutsche Nationalbibliothek verzeichnet diese Publikation in der deutschen Nationalbibliografie; detaillierte bibliografische Daten sind im Internet über http://dnb.d-nb.de abrufbar.

ISBN: 978-3-7379-0835-1

© 2015 GBI-Genios Deutsche Wirtschaftsdatenbank GmbH, Freischützstraße 96, 81927 München, www.genios.de

Alle Rechte vorbehalten. Dieses Werk ist einschließlich aller seiner Teile – z.B. Texte, Tabellen und Grafiken - urheberrechtlich geschützt. Jede Verwertung außerhalb der Grenzen des Urheberrechtsgesetzes bedarf der vorherigen Zustimmung des Verlags. Dies gilt insbesondere auch für auszugsweise Nachdrucke, fotomechanische Vervielfältigungen (Fotokopie/Mikroskopie), Übersetzungen, Auswertungen durch Datenbanken oder ähnliche Einrichtungen und die Einspeicherung und Verarbeitung in elektronischen Systemen.